AF602268

ABRÉVIATIONS

AB. Assez beau.
B. Beau.
TB. Très beau.
FDC. Fleur de coin.
A. signifie : Avers de la pièce.
℞. — Revers de la pièce.

NB. Il ne sera pas répondu aux demandes de pièces déjà vendues à réception des commandes.

La plupart des pièces n'existant pas en double dans nos cartons, prière à MM. les Amateurs de *ne pas tarder* pour envoyer leurs ordres, car il arrive très fréquemment que la même pièce m'est plusieurs fois demandée.

CATALOGUE D'UNE COLLECTION

DE

MÉDAILLES & JETONS

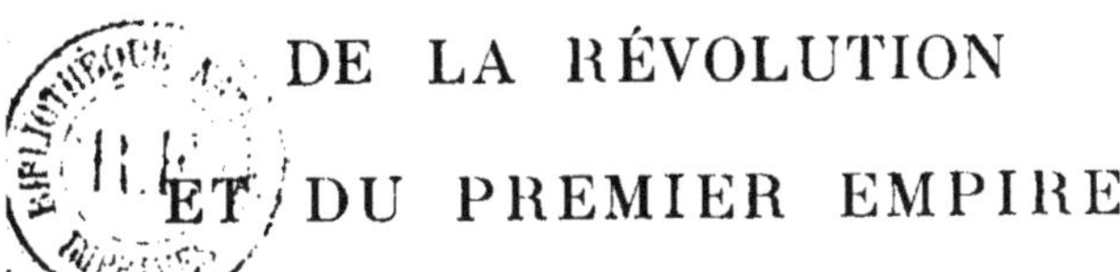

DE LA RÉVOLUTION ET DU PREMIER EMPIRE

(1789-1815)

(N° 7)

EN VENTE AUX PRIX MARQUÉS

CHEZ M. ÉMILE PLATT

19, QUAI DE MONTEBELLO

PARIS

1904

Lj 22
1

MÉDAILLES ET JETONS

1° RÉVOLUTION ET EMPIRE (1789-1815)

1 1789. **Abandon de tous les privilèges.** Buste de Louis XVI, par Duvivier. ℞. Vue de la séance de l'Assemblée Nationale, 4 août 1789. Br. 63mm. TB............ 12 »

— Médaille bronze uniface donnant le revers de la médaille précédente. TB.................... 5 »

3 — **Assemblée des électeurs de Paris.** LE ROI Y SÉANT. Buste de Louis XVI, par Duvivier. ℞. Liberté inscrivant une date sur une colonne ; au-dessous : PRÉSIDENTS DES ÉLECTEURS, J. DELAVIGNE ET MOREAU DE SAINT-MÉRY. Arg. 45mm. TB.......................... 25 »

4 — Même médaille en bronze. 45mm. FDC....... 10 »

5 — **Arrivée du roi à Paris.** Joli buste du roi, par Duvivier. La Ville de Paris montrant au roi, à la reine et au jeune dauphin la foule massée devant les Tuileries. Br. 52mm. TB................................ 7 »

6 — **Jacques Necker**, Genevois, né en 1732. Son buste, par Duvivier. ℞. Élevé au Ministère des finances en 1776, 1788 et juillet 1789. OFFERT A LA NATION PAR B. DUVIVIER. Br. 41mm. TB.................. 7 »

7 — **L.-Ph.-J. d'Orléans, l'ami du peuple.** Son buste. Exergue : 1789. Étain très fin. 62mm. TB...... 12 »

8 — **Le Père Duchêne** f... bon patriote. Son buste à mi-corps, le bonnet phrygien sur la tête, la pipe à la bouche et ... la hache sous le bras. ℞. VIVRE LIBRE OU MOURIR — 1789. Étain. 43mm. B. et rare....... 12 »

9 — **Arrivée du roi à Paris.** LA NATION A CONQUIS SON ROI. Scène de l'arrivée en carrosse, sur le Pont-Neuf, par Andrieu. Métal de cloche, uniface. 78mm. TB... 15 »

10 — Même médaille. Br. 78mm. TB............... 8 »

11 — **Arrivée de la famille royale de Versailles à Paris.** 6 octobre 1789. Vue de l'Hôtel de ville, du carrosse, de la foule et de l'armée. *Rare*. Médaille uniface en étain bronzé. 80mm .... 12 »

12 — **Prise de la Bastille**, par les citoyens de la Ville de Paris. Vue très bien rendue de cette échauffourée. Br. uniface. 78mm. TB........................ 8 »

13 — **Le tiers-état siégeant**. Un prêtre, un noble et un ouvrier à une table sur laquelle on lit : APRÈS LES TÉNÈBRES LA LUMIÈRE 1789. Étain uniface assez naïf. 45mm. TB .... 5 »

14 — **Viotor-Pierre Malouet**, député d'**Auvergne** à l'Assemblée nationale en 1789. Son buste. Étain uniface. 44mm. FDC........................ 8 »

15 — **Silvain Bailly**. Son buste OFFERT A LA VILLE PAR DUVIVIER. ℞. MEMBRE DES TROIS ACADÉMIES, etc. MAIRE DE PARIS. Br. 41mm. TB........................ 7 »

16 — **M. Necker**. Son buste de face, par Duvivier. ℞. Champ lisse. Br. 41mm. FDC........................ 7 »

16 *bis*. — Même médaille. Métal de cloche. TB...... 7 »

17 — Trois curieuses médailles du **Père Pallois** pour **la Prise de la Bastille**, formées de deux plaques de fer cerclées de cuivre. 37, 41 et 42mm. La petite série des 3 pièces pour 20 »

18 — **Silvain Bailly**. Jeton cuiv. à ses armes et aux armes de la ville de Paris. Octog. FDC. Rare.......... 10 »

19 — **Trésor royal**. Jeton octog. cuiv. au buste du roi, par Duvivier. Sans date. FDC. *Rare*.............. 4 »

20 — DONNÉE PAR LA VILLE DE PARIS AUX BONNES CITOIENNES (*sic*) LE 8 OCTOBRE 1789. ℞. Armes de la ville. Cuiv. octog. FDC. Très rare........................ 15 »

21 — **Loge des Amis de la Paix**. Minerve debout tenant une branche de laurier. ℞. O.˙. DE PARIS 5789. Cuiv. FDC. 4 »

22 — **De Kervégan, maire de Nantes**. Armes de la ville. ℞. Armes du maire, 1789-1790. Arg. FDC. Rare. 12 »

23 1798. **Hommage de la Garde nationale de Versailles**. Pélican et ses petits. Légende en neuf lignes. Br. 52mm. FDC. 10 »

24 — Même médaille. Étain bronzé................ 4 »

25 — **Pacte fédératif. Orléans**, 9 mai 1790. Sceptre, main de justice et bonnet phrygien au bout d'une épée.

Buste de Louis XVI, RESTAURATEUR DE LA LIBERTÉ FRANÇAISE. Rare. Médaille br. à bélière. 34mm. TB.... 8 »

26 — **Fédération lyonnaise.** Union, force et liberté, aux armes de Lyon. Cuiv. uniface. 42mm, à bélière. TB. 6 »

27 — Variété *très rare* de la même médaille. Légende : FÉDÉRATION LOYNNAISE (*sic*), un peu plus petite que la précédente et avec les armes de Lyon très ornées. TB. 10 »

28 — **Confédération des Français.** La Liberté près de l'autel de la Patrie. Br. 41mm. FDC................. 3 »

29 — Même médaille. *Étain*. 41mm (plus rare en étain). FDC. 3 »

30 — Même médaille. *Métal de cloche*. 41mm. FDC... 6 »

31 — Même médaille. Br. 38mm. FDC.............. 3 »

32 — Même médaille br. doré, à bélière (comme neuve). 38mm. Rare en cet état. FDC................. 6 »

33 — **Temple de la Concorde.** Vue du temple, FÉDÉRATION MARTIALE. ℞. Jolie armoirie de la ville de Lyon. Br. 40mm. FDC.................................. 7 »

34 — Même médaille. Étain. FDC................ 5 »

35 — **Louis XVI, restaurateur de la liberté françoise** (*sic*). etc. Son buste dans une auréole, VIVE A JAMAIS LE MEILLEUR DES ROIS !! ℞. Minerve assise tenant son bouclier à tête de Méduse au-dessus de l'armoirie royale; devant elle, une colonne surmontée d'une fleur de lis au pied de laquelle se trouve un coq; curieuse et bien triste médaille où on encensait à profusion celui qu'on devait immoler. Étain. 76mm. TB. Très rare......... 18 »

36 — **Serment fédératif des patriotes français.** Scène du serment sur l'autel de la Patrie. ℞. Formule de ce serment en six lignes. Br. 38mm. FDC............. 8 »

37 — Même médaille ovale. 35×28mm. Cuiv. FDC... 4 »

38 — Fédération martiale tenue à Lyon le 20 mai; la Liberté debout. ℞. LE PATRIOTISME ET LA LIBERTÉ NOUS ONT RÉUNIS. Caducée, branche de laurier et faisceau. Cuiv. argenté. Octog. à bélière. TB....................... 6 »

39 — **Louis XVI, restaurateur de la Liberté.** ℞. *Pour la Constitution et la Liberté à Paris XIV Jt* (14 juillet) (Hennin 161, pl. 19). Cuiv. conservant des traces de dorure. AB. 34mm. *Rare*........... .... 5 »

40 — District des Cordeliers, LA LOI ET LE ROI dans un écusson. Exergue : UNION FRATERNELLE (*sic*). ℞. SOUS LA PRÉ-

SIDENCE DE GEORGE JACQUES DANTON, 1790. Cuiv. 31mm. FDC.. 6 »

41 — Conservatoire de musique. Au centre, une lyre. ℟. EXERCICES, dans une couronne, sans date inscrite. Jeton cuiv. TB. *Rare*.............................. 6 »

42 — **Les intéressés aux fonderies de Maromme,** *près Rouen.* Lettres entrelacées, 1790. Jeton cuiv. FDC. (Essai du sol, suivant certains auteurs). Rare............ 5 »

43 — Joli et curieux jeton cuiv. du **Prince de Galles** pour son élection en qualité de *grand-maître de la franc-maçonnerie*, 1790. TB.......................... 3 »

44 1791. **Traité de Pilnitz,** aux bustes accolés de Léopold II, Frédéric-Guillaume et Frédéric-Auguste, par Kruger junior. ℟. La Germanie assise, appuyée sur l'écu de l'empire et montrant le château de Pilnitz sur les bords de l'Elbe. Superbe et *rare* médaille. Arg. 50mm. TB. 40 »

45 — Repoussé octog. cuiv. argenté, présentant deux cornes d'abondance en sautoir sous une couronne royale fleurdelisée; en légende circulaire : DAT PRETIUM FIRMANTQUE VICISSIM. Exergue : 1790. TB.................. 5 »

46 — Grand jeton métal de cloche au buste de Louis XVI, pour l'Académie de peinture et de sculpture. B. 3 »

47 — Jeton argent au buste de Léopold II, duc de Bourgogne et de Brabant, comte de Flandre. ℟. Légende latine en cinq lignes, 1791. TB................. 3 »

48 1792. Insigne à bélière en cuiv. doré, portant à l'avers et au revers RESPECT A LA LOI. *Décoration des administrateurs de département ou de district.* 52×43mm. TB. 18 »

49 — EXEMPLE AUX PEUPLES, X AOUST MDCCXCII. La Liberté tenant un foudre à la main, foule aux pieds les insignes de la royauté. ℟. Deux renommées tenant un faisceau A LA MÉMOIRE DU GLORIEUX COMBAT, etc., AUX TUILERIES. Br. 55mm. FDC .... 6 »

50 — Même médaille arg. 41mm, portant au revers une couronne au lieu des deux Renommées. FDC. *Rare*. 22 »

51 — **Honoré Riquetti Mirabeau.** Sa tête. ℟. MÉTAL DE CLOCHE. Frappé l'an 1er de la République française, par les artistes réunis de Lyon. Métal de cloche. 30mm. FDC, 12 »

52 — LA LOI, LE DROIT. Au centre UN NIVEAU surmonté de 1792. ℞. VIVRE LIBRE OU MOURIR ; au centre : fleur de lis surmontée d'un faisceau. Arg. 35mm. *Inconnue à Hennin.* FDC.............................. 35 »

53 — Même médaille en bronze (également inconnue à Hennin). TB.............................. 10 »

54 — Étain uniface à bélière. VIVRE LIBRE OU MOURIR, faisceau entouré de trois fleurs de lis. 24mm. TB......... 3 »

55 — **Lycée des Arts**, 1792. Apollon nu, debout. ℞. AUX ARTS. Jeton cuiv. FDC.................... 1 »

56 — Même jeton, contremarqué T.C.............. 1 »

57 1793. **Marie-Thérèse-Louise de Carignan, princesse de Lamballe.** Son buste ; exergue : LE DANGER DOUBLE MON COURAGE. 1793. Médaillon bronze uniface, 63mm. TB. 10 »

58 — **Louis XVI**, IMMOLÉ PAR LES FACTIEUX. Buste du roi, par Loos. ℞. PLEURÉS ET VENGÉS, LE (*sic*). Frappé par les émigrés. Arg. TB.......................... 7 »

59 — Variété de cette médaille au buste de **Louis XVI**, par Stierle. ℞. La Royauté assise sur un billot et pleurant ; à ses pieds, une hache, 21 janv. 1793. Arg. 33mm. FDC. 10 »

60 — Même médaille, étain. FDC................ 3 »

61 — **Philippe-Joseph Égalité, ci-devant duc d'Orléans.** Son buste en habits bourgeois. ℞. Huit lignes satiriques. Serpent enroulé autour des insignes royaux ; exergue : 6 novembre 1793 (sa mort sur l'échafaud de ses amis), par Loos. Arg. 30mm........................ 14 »

62 — **Exécution de Louis XVI.** Charmants bustes accolés de Louis XVI et de Marie-Antoinette, par Kuchler ; exergue : FATI INIQUE. ℞. L'échafaud dressé au milieu de la place de la Révolution (de Louis XV), sur lequel se trouvent trois personnages dont l'un montre au peuple et aux soldats la tête du roi. Br. 50mm. De superbe conservation. *Rare*.............................. 25 »

63 — **Exécution de Marie-Antoinette.** Son buste à mi-corps, vêtue très richement, élégante coiffure, par Kuchler. ℞. ALTERA VENIT VICTIMA. Vue de l'échafaud dressé, comme le précédent, au milieu de la foule, place de la Révolution ; au premier plan, la pauvre reine dans une charrette traînée par un cheval. Superbe et émouvante médaille br. 48mm. FDC. *Rare*.............. 25 »

63 *bis*. — Lot de jetons cuivre et cuivre argenté, frappés de 1789 à 1793. A prix divers.................. .

64 — **Mort de Marie-Antoinette**. Son buste, par Stierle. ℞. Légende allemande, traduction : MALHEUR AUX DESCENDANTS ! CHAQUE LARME SERA UNE MALÉDICTION POUR EUX ! La France appuyée sur une urne funéraire, à ses pieds l'écusson de France brisé et une épée. Arg. 35^{mm}. B. *Rare*.................................. 18 »

65 — **Même sujet**. Étain bronzé uniface, au buste de la reine; en exergue : DÉCAPITÉE A PARIS LE 16 OCTOBRE 1793. 41^{mm}. TB.................................. 5 »

66 — **Mort de Louis XVI**. Son buste, très fin, en uniforme ; en exergue : DÉCAPITÉ A PARIS LE 21 JANVIER 1793. ℞. La Liberté debout, tenant ses attributs. Sans légende. Étain 47^{mm}. FDC. *Rare*......................... 8 »

67 — **Constitution républicaine adoptée et jurée en présence de l'Être suprême, etc., 10 août 1793**. La République casquée assise. Br. 41^{mm}. FDC.................. 7 »

68 **Sans date**, mais de cette époque. Joli médaillon bronze uniface et ovale 64 × 49^{mm}, présentant un joli buste de **Marie-Antoinette**. TB.................. 15 »

69 1793. **Actions de la Loi**. Médaille des Huissiers, par Maurisset. ℞. Un bonnet phrygien, un livre ouvert, et au-dessous, deux faisceaux en sautoir traversés par une épée. Bronze doré ovale, à Bélière 38×31^{mm}. TB. *Rare*. 15 »

70 — **Action de la Loi. Tribunal de première instance**, par Maurisset. La République debout, tenant ses attributs et posée sur un socle orné d'une main de Justice, un miroir, une balance et un serpent enroulé autour de ces divers objets. Bronze doré, à bélière 40×32. Ovale, parfaite conservation. Très rare................. 25 »

71 — Médaille ovale formée de deux repoussés cuivre argenté, cerclés de cuivre, à bélière, montrant la République debout près d'un tronçon de colonne. ILS ONT VÉCU POUR L'AIMER. ILS SONT MORTS POUR LA DÉFENDRE, 1793. ℞. Champ lisse, 45 × 35^{mm}. FDC...................... 10 »

72 — Médaille ronde formée de deux repoussés cuivre, l'un argenté, champ lisse, et l'autre doré présentant dans deux médaillons ovales **Robespierre et Cécile Renaud** en regard. Légende circulaire autour de la médaille et de

chacun des petits médaillons des personnages; 40mm, à bélière, superbe conservation................ 10 »

73 — Médaille étain 45mm. LES TROIS ORDRES. Un noble, un prêtre et un ouvrier soutenant une mappemonde fleurdelisée et couronnée. Médaille oxydée et fatiguée. 3 »

74 **Sans date**, mais attribuable à cette époque. Médaille uniface en cuivre (traces d'argenture) portant en creux le chiffre 45 et en relief VILLE D'ANGOULÊME. 37mm... 5 »

75 1793. **Silvain Bailly**. Son buste. ℞. ASTRONOME, ETC., légende en 12 lignes se terminant par ces mots ET HÉLAS (ici : une hache et cinq points) 11 NOVEMBRE 1793. Br. 42mm. TB. *Rare*.......................... 8 »

76 1794. **Lamoignon de Malesherbes**. Son buste, par Petit, mort en 1794. ℞. Légende en huit lignes, 1821 (frappée sous Louis XVIII). Br. 51mm......... 6 »

77 — **Alex. Beauharnois**, général en chef de l'armée du Rhin, en 1793. Son buste en uniforme; exergue: DÉCAPITÉ LE 6 THERMIDOR AN 2. ℞. Légende en neuf lignes. Br. 32mm. TB. *Rare*....... .... 6 »

78 1795. **Pie VI accueillant les prêtres et les religieux chassés de France par la Révolution**. Buste du pape, par G. Hamérani. ℞. Le Souverain Pontife recevant les exilés. Br. 40mm. TB. *Très rare*............ 10 »

79 — **A. C. Letellier**. Son buste. IL SE DONNA LA MORT POUR ÉPARGNER UN CRIME. ℞. Légende en douze lignes indiquant que cette médaille fut frappée sur du plomb des balles dirigées contre le Sénat; exergue : PAR PALLOY, PATRIOTE. Plomb. TB. *Très rare*.............. 10 »

80 — **Louis XVII**. Son buste, par Tiolier. ℞. Tige de lis brisée, CECIDIT UT FLOS ; exergue : VIII JUNII MDCCXCV. Br. 41mm. TB.................................. 8 »

81 1796. **Bataille de Montenotte**. Buste de Bonaparte en uniforme, par Gayrard. ℞. Victoire au vol au-dessus du globe terrestre. Br. 41mm. FDC.............. 7 »

82 — **Bataille de Millesimo. Combat de Dego**. Hercule aux prises avec l'Hydre. ℞. LE PEUPLE FRANÇAIS A L'ARMÉE D'ITALIE. Br. 43mm, tranche inscrite. TB....... 8 »

83 — **Bataille de Castiglione, combat de Peschiera**. Deux guerriers nus combattant au-dessus d'un guerrier étendu à terre. ℞. Deux trompettes en sautoir entourées d'une couronne. Br. 42mm. TB.................... 7 »

84 — **Passage du Pô, de l'Adda et du Mincio.** Vue du passage des troupes sur le Pont. ℟. A L'ARMÉE D'ITALIE, LA PATRIE RECONNAISSANTE. Br. 42mm. TB................. 7 »

85 — **Buonaparte, général en chef de la brave armée d'Italie.** Son buste, cheveux noués par un ruban. ℟. République casquée assise, tenant une branche de laurier. Bronze argenté 30mm............................... 2 »

86 — **Castorland, Franco-Americana-Colonia.** Tête de femme, voilée et tourelée, par Duvivier. ℟. Femme debout pratiquant une incision dans un érable à sucre ; en exergue : un castor. Arg. 32mm. FDC......... 10 »

87 — **Société pharmaceutique de Paris.** Tête d'Hygie, devant un serpent, derrière une fleur. ℟. Coq sur un piédestal que cherche à atteindre un serpent ; à dr. un vase de plantes, à g. une cornue ; exergue : MDCCXCVI. Jeton arg. octog. TB................................. 6 »

88 1797. **Passage du Tagliamento. Prise de Trieste.** Troupes passant le fleuve. ℟. A L'ARMÉE D'ITALIE. Br. 42mm. FDC. 8 »

89 — **Reddition de Mantoue.** La ville de Mantoue remettant à Mars les clefs de la ville. ℟. A L'ARMÉE D'ITALIE VICTORIEUSE. Couronne et foudre. Br. 42mm. FDC.. 8 »

90 — **Capitulation de Mantoue.** Tête de Virgilius Maro. ℟. Cygne surmonté d'une couronne murale. Br. 35mm. FDC..................................... 3 50

91 — **École française, premier prix de peinture, an V.** Buste de Nicolas Poussin, par Dumarest. Br. 55mm. TB. *Rare.* 10 »

92 — **Paix de Campo-Formio.** Buste en uniforme du général Bonaparte. ℟. Le héros à cheval accompagné de la Victoire au vol. Splendide médaille br. 57mm. FDC. 12 »

93 — **L'Insubria libera (Lombardie).** ALL ITALICO. Buste de Bonaparte en uniforme par Vassallo. ℟. La France casquée, accompagnée de la Paix, place le bonnet de la Liberté sur la tête de la Lombardie. Br. 47mm. FDC. 8 »

94 — **Médaille-décoration** à bélière, en argent, 39mm, au buste de François II d'Autriche. ℟. Légende allemande en huit lignes (récompense aux soldats ayant combattu la France). FDC.......................... 10 »

95 — **Prise du palais de Broletto.** Vue de l'assaut du palais

par les troupes françaises. ℞. Grande couronne, au centre, bonnet de la Liberté et poignard 18 MARZO 1797 et autour, EPOCA DELLA LIBERTA BRESCIANA. Très belle et curieuse médaille en bronze doré. 62mm. FDC. *Rare*.... 12 »

96 1798. **Médaille de représentant du peuple, an VI, Conseil des Cinq Cents.** Dans une couronne de chêne RÉPUBLIQUE FRANÇAISE ; au centre : un faisceau surmonté du bonnet de la Liberté et très gracieusement entouré de fleurs, cornes d'abondance et plantes ; en exergue, REPRÉSENTANT DU PEUPLE, L'AN VI. ℞. CONSEIL DES CINQ CENTS. Serpent enroulé se mordant la queue, au centre duquel se trouvent les tables de la Constitution et le niveau. Arg. 50mm. FDC............................ 35 »

97 — **Même médaille en bronze doré.** 50mm. FDC.... 20 »

98 — **Même médaille en bronze.** 50mm. FDC. *Série très rare.* à 15 »

99 — **Napoléon en Égypte.** Buste du général Bonaparte (gravé par Bovy en 1840). ℞. Bonaparte à cheval haranguant les troupes au pied des pyramides. Br. 41mm. FDC. 5 »

100 — **Première exposition de l'Industrie à Paris** (du 19 septembre 1798 au 1er octobre 1799). ENCOURAGEMENTS ET RÉCOMPENSES A L'INDUSTRIE, et en exergue, AUX ARTS UTILES, RÉP. FR., par B. Duvivier. La République française en bonnet phrygien et costumée à l'antique, ayant derrière elle un autel et un coq, présente une couronne à l'Industrie, en tunique courte, tenant un caducée et un gouvernail et ayant derrière elle des instruments de l'agriculture et des arts. ℞. Grande couronne et champ lisse destiné à l'inscription du nom de la personne à qui la médaille était décernée. Br. 57mm. FDC. Très curieuse et très rare..................... 10 »

101 1799. **Conquête de la Basse-Égypte**, an VII. ℞. Les pyramides. Br. 33mm..................... 3 »

102 — **Arrivée à Fréjus.** Bonus Eventus nu, debout. ℞. Navires en mer, par Galle. Br. 33mm. *Assez rare.* 4 50

103 — **Victoire de Alcmaar**, gagnée par Brune en 1799. Médaille hollandaise en argent, 33mm, avec sujets très curieux à l'avers et au revers. FDC. Très rare. 15 »

104 1800. **Bataille de Marengo**, au buste de Bonaparte, premier consul. ℞. Légende en neuf lignes. Br. 50mm. TB. 7 »

105 — **Le général Desaix blessé à mort à Marengo**. Médaille à son buste. ℞. Légende en sept lignes. Br. 50mm. TB. 8 »

106 — **La République cisalpine restituée.** Buste de Bonaparte, par Lavy, an VIII. ℞. Hercule nu relevant une femme assise. (Fi!! l'indécent!!) Br. 52mm. FDC..... 10 »

107 — **Première pierre de la colonne nationale**, au buste de Bonaparte premier consul, par Duvivier. Br. 55mm. TB.................................... 7 »

108 — **Même médaille**. Br. 42mm. TB.............. 5 »

109 — **Colonne départementale**. GUERRE DE LA LIBERTÉ aux bustes accolés des trois consuls. ℞. Légende en onze lignes. Br. 60mm. TB...................... 12 »

110 — **Translation du corps de Turenne au temple de Mars.** Buste cuirassé de Turenne, par Auguste. ℞. Légende en neuf lignes. Br. 50mm. FDC............... 8 »

111 — Même médaille. Étain bronzé. 50mm. TB..... 3 »

112 — **Fondation du quai Desaix** (aujourd'hui quai aux Fleurs, à Paris). Légende à l'avers et au revers. Br. 41mm. FDC.................................... 4 »

113 — **Colonne départementale en Seine-et-Marne.** Longue légende à l'avers et au revers. Br. 41mm. FDC. 4 »

114 — **A Bonaparte, réédificateur de Lyon.** Sa tête nue, par Mercié ; exergue, R. VERNINAC, PRÉFET, AU NOM DES LYONNAIS RECONNOISSANS (*sic*). ℞. Légende en treize lignes (allusion au rétablissement de la place Bellecour). Br. 44mm. FDC................................ 6 »

115 — **Variété** de la précédente. **A Bonaparte, vainqueur et pacificateur.** Buste en uniforme, par Chavanne; exergue, LES LYONNAIS RECONNOISSANS (*sic*). ℞. LE X MESSIDOR AN VIII, BONAPARTE A POSÉ LA PREMIÈRE PIERRE DE LA GRANDE PLACE DE LYON, DÉTRUITE EN L'AN III. Br. doré. 42mm. Conservation exceptionnelle........... 8 »

116 — Même médaille en étain.................... 3 »

117 — **Aux braves du département du Rhône.** Renommée volant au-dessus de la surface du globe ; exergue, PRÉFET VERNINAC, 25 MESSIDOR AN 8. ℞. Longue légende relative à l'érection d'une colonne à la mémoire des braves du département. Br. 33mm. FDC. *Rare*. 6 »

118 — **God save the King.** Sujet allégorique très joli, relatif à la préservation du roi d'Angleterre contre une tenta-

tive d'assassinat, le 15 mai 1800. Br. 38mm. FDC. *Rare.* 6 »

119 — **Marengo.** Étain uniface, présentant la tête nue de Bonaparte entourée de drapeaux ; au-dessous, vue de la bataille de Marengo ; œuvre d'Andrieu d'une extrême finesse de gravure, et de frappe parfaite. 68mm. FDC. 7 »

120 — **Attentat à la vie de Bonaparte.** Tête nue du premier consul, par Manfredini. ℞. Les trois Parques et Hippocrate. Très belle et très curieuse médaille. Br. 60mm .... 12 »

121 — **Attentat à la vie de Bonaparte.** Son buste en uniforme, par Auguste. ℞. Légende en dix lignes. Br. 50mm. FDC............................ 10 »

122 — **Corps Législatif.** LIBERTÉ, ÉGALITÉ. La République debout appuyée sur un faisceau et entourée de lauriers; à l'exergue, AN VIII. **Insigne de Député**, en bronze 48 × 40, à pans coupés. FDC............. 12 »

123 — **Passage du Saint-Bernard.** Victoire conduisant deux chevaux qui traînent un canon sur le sommet d'une montagne. ℞. BATAILLE DE MARENGO. Trousseau de clefs entre deux palmes. Br. 41 mm. FDC..... 7 »

124 — **Société libre d'émulation à Rouen.** 1800, à la tête de Minerve casquée, par Jeuffroy. Jeton arg. FDC 6 »

125 1801. **Préfecture de police.** Jeton au buste de Bonaparte. VIGILAT UT QUIESCANT. ℞. P.D.P. entrelacés en majuscules cursives. Arg. TB. *Rare*............. 14 »

126 — **Tribunaux.** La Justice debout. ℞. Lion armé d'une massue; exergue, AN III DU CONSULAT, 1801. Arg. TB. 7 »

127 — **Les rives de la Seine unies par de nouveaux liens.** Vue de la Seine et des nouveaux ponts. ℞. Huit lignes de légende, 24 VENTÔSE AN 9. Br. octogone. Très rare en ce métal. FDC......................... 6 »

128 — **Même jeton octogone.** Arg. TB............. 6 »

129 — **Agents de change de Lyon.** Caducée ailé sur un livre de transferts. ℞. Jolie armoirie de la ville. Jeton arg. 36mm. TB............................ 10 »

130 — **Paix de Lunéville.** Buste en uniforme du premier consul, par Andrieu. ℞. La Paix debout XX PLUVIÔSE AN IX. Br. 41mm. FDC....................... 5 »

131 — **Même médaille en argent**, 41^{mm}. *Rare en ce métal*, TB.................................... 18 »

132 — **Même sujet.** Médaille étain allemand au buste de BUONAPARTE CONSUL. ℞. Génie ailé tenant des couronnes et une torche avec laquelle il met le feu à un amas d'armes gisant à terre. 40^{mm}. TB............. 3 »

133 — **Visite du roi d'Étrurie et de sa mère à la Monnaie de Paris.** Le Génie de la France escorté d'un coq, semble, une rose à la main, accueillir quelqu'un. ℞. Code toscan, glaive, caducée et balances. Br. 32^{mm}. TB. 4 50

134 — Deux cuivres repoussés représentant CAMBACÉRÈS, ARCHICHANCELIER DE L'EMPIRE. Buste en grand uniforme. Deux variétés, l'une en 45^{mm} et l'autre en 47^{mm} (pas pareilles). à l'une 3 50

135 — **Deux essais de Droz**, inventeur de la méthode pour multiplier les médailles (légende espagnole), aux bustes du roi et de la reine d'Espagne. Br. 41^{mm} (l'un en br. jaune et l'autre en br. rouge). Tranche inscrite. FDC. la pièce 5 »

136 — **L'abbé de l'Épée né à Versailles,** mort en 1789. Son buste, par Duvivier; AU GÉNIE INVENTEUR DE L'ART D'INSTRUIRE LES SOURDS-MUETS DANS LES SCIENCES ET LES ARTS; en exergue, B. Duvivier, 1801. Br. 41^{mm}. TB.. 7 »

137 1802. **Rétablissement de l'ancienne république italienne.** Buste du premier consul en uniforme, par George. ℞. Le soleil éclairant un côteau planté de vignes; exergue en quatre lignes. Br. 45^{mm}. FDC...... *Rare*. 9 »

138 — Même médaille en étain.................... 3 »

139 — **Proclamation de la nouvelle constitution italienne.** Tête nue de Bonaparte, par Mercié, de Lyon. ℞. Inscription latine en onze lignes (allusion à l'antique alliance qui existait entre les Gaulois). Br. 48^{mm}. FDC. 9 »

140 — **Même sujet : Comices cisalpins à Lyon, an X.** Gracieux sujet allégorique par Manfredini. ℞. Légende en six lignes. Br. 54^{mm}. FDC..................... 10 »

141 — **Marquis Cornwalis, plénipotentiaire à Amiens.** Son buste en uniforme. ℞. L'Angleterre assise tenant sur ses genoux le buste de son roi en médaillon; exergue : DEFINITIVE TREATY CONCLUDED 1802. Étain 38^{mm}. FDC. 5 »

142 — **Colonne à la gloire de Bonaparte élevée à Marseille** (surmontée de son buste). Vue de cette colonne. Buste en uniforme de Bonaparte, par Poize (type particulier). Br. 42mm. TB.......................... 7 »

143 — **Xavier Bichat, célèbre médecin et chirurgien (du Jura)**. Son buste, par L. Dubour. ℟. Dix lignes de légende rappelant ses principaux travaux, mort en 1802. Br. 50mm. TB.......................... 8 »

144 — Même médaille, un peu moins belle......... 6 »

145 — **Aloysius Sacco professeur, de médecine et de chirurgie à Milan**. Son buste de profil, à g., tête et col nus, signé : P.T.F. ℟. Trois lignes de légende latine signifiant : A L'ÉMULE DE JENNER, SES AMIS DE BOLOGNE, L'AN I DE LA RÉPUBLIQUE ITALIENNE. Br. 55mm. TB. *Très rare.* 18 »

146 — **Médaille aux bustes séparés des trois Consuls**. ℟. LE CORPS LÉGISLATIF AUX CONSULS DE LA RÉPUBLIQUE FRANÇAISE (à l'occasion de la paix d'Amiens). Br. 67mm, par Jeuffroy. TB.......................... 10 »

147 — **Chambre de Commerce de Rouen 1802** (Chambre de Commerce de Normandie 1703). Mercure et ses attributs passant au-dessus du Panorama de la ville de Rouen. Jeton arg. octogone. FDC............ 9 »

148 — **Compagnie d'assurance du Hâvre de Grâce, 1802**. Navire en mer pendant la tempête. ℟. CHAMBRE D'ASSURANCE DU HAVRE DE GRACE, AN ONZE DE LA RÉPUBLIQUE. Superbe navire sur une mer calme. Jeton arg. octogone. *Très rare*.......................... 12 »

149 — **Jeton cuivre de la Loge écossaise de la parfaite union de Douai**, 1802. TB...................... 2 50

150 — **Loge de l'ardente amitié O.·. de Rouen**. Sans date, mais se classant à cette époque. Le soleil dardant ses rayons sur un cœur placé sur un autel. ℟. Arbre. Jeton arg. octogone. TB.......................... 6 »

151 1803. **J. David-Leroy, membre de l'Institut national**. Son buste, par Duvivier. ℟. Colonne dorique surmontée de la chouette de Minerve ; à g., galère antique ; à dr., un compas ; VOTÉ PAR LES ARCHITECTES, SES ÉLÈVES, PARIS, AN XI. Br. 41mm. FDC. *Rare*................ 8 »

152 — **Les Écoles de Pharmacie** ; AU SOULAGEMENT DE L'HUMANITÉ. Cornue, serpent, plantes et minéraux. ℟. Champ uni dans une grande couronne. Br. 33mm. FDC.. 5 »

153 — **Projet de descente en Angleterre.** A LA FORTUNE CONSERVATRICE. La Fortune, sur une galère, semble guider sa marche sur l'étoile de Napoléon que l'on voit au-dessus. Buste du premier consul, tête nue par Brenet. Br. 32mm. TB........................... 4 »

154 — **Aux Arts, la Victoire.** Statue de la Vénus de Médicis, an IV du Consulat. Tête nue de Bonaparte par Jeuffray. Br. 41mm. TB........................ 6 »

155 — **Le Code civil est décrété.** Statue en pied de la Minerve de Velletri. ℞. Napoléon en pied, en costume romain, par Brenet. Br. 41mm. FDC................. 6 »

156 — **Agents de change de Lyon.** Au buste en uniforme de Bonaparte. ℞. Plume, caducée et miroir sur un livre de comptes ; exergue, AGENTS DE CHANGE DE LYON, 1803. Jeton arg. FDC........................ 10 »

157 — **Avoués de Lyon.** La Loi et la Justice debout, par Mercié. ℞. Bouclier à tête de Méduse accroché à un palmier. Sans date, mais se classant à cette époque. Jeton arg. FDC........................... 6 »

158 1804 **Fêtes du couronnement à Paris.** Buste de Napoléon lauré, par Galle. ℞. L'empereur assis sur une chaise curule et vêtu à la romaine, est accueilli par la ville de Paris, debout près d'une galère. 68mm. TB. 14 »

159 — **Sacre de Napoléon à Notre-Dame.** Buste de Pie VII, par Droz. ℞. Vue de la Cathédrale de Paris. Br. 41mm. TB.. 7 »

159 *bis.* — Même médaille, arg., de l'époque. FDC. 20 »

160 — **Couronnement de Napoléon.** Napoléon en pied, couronné, debout sur le pavois tenu par quatre chevaliers. BONTÉ DE TITUS, SAGESSE DE MARC-AURÈLE, GÉNIE DE CHARLEMAGNE, et en exergue, AU NOM DU PLUS GRAND DES HÉROS, FRÉMIT L'HYDRE BRITANNIQUE. ℞. Légende en six lignes dont les lettres gravées en majuscules forment la date de la médaille, coin de Merlen. Br. 43mm. FDC. Superbe et rare.. 12 »

161 — **Honneur légionnaire aux braves de l'armée. Distribution de croix au camp de Boulogne.** L'empereur assis sur une estrade donne des croix d'honneur à quatre militaires. ℞. Plan de l'emplacement des troupes au moment de la distribution des croix. Br. 41mm. TB........ 6 »

162 — **Fêtes du couronnement à l'Hôtel de Ville de Paris.**

Bustes affrontés de Napoléon et de Joséphine. ℞. Aigle sur un foudre. Br. 35mm. FDC. . . . . 5 »

163 — **Distribution des drapeaux à l'armée.** Jolie petite médaille de Droz. Br. 27mm. TB. 3 50

164 — **Couronnement de Napoléon.** Tête de l'empereur, par Andrieu. ℞. Napoléon sur le pavois. LE SÉNAT ET LE PEUPLE; en exergue, AN XIII. Br. 41mm. FDC. . . . 6 »

165 — Même sujet. Arg. 25mm, par Droz. 3 50

166 — **Monument aux mânes de Desaix.** Vue du monument. Tête de Napoléon, par Droz. Br. 27mm. TB. . . . 3 50

167 — Même sujet, vue du monument, par Brenet. NAPOLÉON POSE LA PREMIÈRE PIERRE DU TOMBEAU DE DESAIX AU MONT SAINT-BERNARD. Br. 27mm. FDC. Variété. Très rare. 5 »

168 — **Essai d'Andrieu.** Tête nue de Napoléon Bonaparte. ℞. Soleil; au-dessous QUATRIÈME ANNÉE DU CONSULAT DE BONAPARTE ; en exergue I.R entrelacés en majuscules cursives» Arg. FDC. Très rare. . . . . 12 »

169 — **Couronnement de Napoléon.** Grand jeton cuiv. argenté, frappé en Allemagne, présentant un type particulier de Napoléon, au buste lauré, costume de sacre. ℞. Couronne impériale, sceptre et main de Justice sur un autel. TB. Rare. . . . . 4 »

170 1804. **Vue de l'île Louviers, an 12, entrepôt du commerce de bois neuf.** ℞. Arbre. Jeton arg. octog. FDC. Rare. 10 »

171 — Jeton cuiv. de la **Loge de la Clémente Amitié**, sans date, mais se classant à cette époque. TB. . . . . . 2 »

172 — Même jeton. Arg. TB. 5 »

173 1805. **Couronnement comme roi d'Italie, à Milan.** Sa tête ceinte de la couronne de fer, par Manfredini ; exergue : LA SECCA DI MILANO, MAGGIO MDCCCV. ℞. Les armes de Milan entourées de celles de Venise, des Légations, de Modène et de Novarre. Br. 42mm. FDC. . . . . . . 8 »

174 — **Même sujet,** au buste de Napoléon, par Andrieu. ℞. Grande *couronne des rois Lombards*. Br. 41mm. FDC. 6 »

175 — **Pie VII visite la Monnaie des médailles.** Au bnste du pape en tiare et habits pontificaux, par Droz. ℞. Légende en quatre lignes entre deux gracieux ornements. Br. 41mm. FDC. . . . . 6 »

176 — **Restauration du pont Milvius, près de Rome.** Vue du pont. Buste de Pie VII. Br. 37mm. B.......... 4 »

177 — **Allocution à l'armée.** L'armée fait serment de vaincre. Scène du serment sur le pont du Lech, l'Empereur à cheval, couronné par la Victoire, et ses guerriers habillés à la romaine. Tête de Napoléon, par Droz. Br. 41mm. FDC.......................... 10 »

178 — **Capitulation d'Ulm et de Memmingen.** Tête de Napoléon, par Andrieu. ℞. L'empereur en costume romain, couronné par la Victoire, debout dans un bige au galop, passant au-dessus des deux villes agenouillées, par Jule y. Br. 41mm. FDC.................... 10 »

179 — **Bataille d'Austerlitz, médaille dite des trois empereurs.** Buste de Napoléon. ℞. Bustes en regard d'Alexandre Ier et de François II. Br. 41mm. FDC. *Rare*...... 12 »

180 — **Paix de Presbourg.** Temple de Janus fermé. Tête de Napoléon, par Andrieu. Br. 41mm. FDC...... 8 »

181 — **Colonne de la Grande Armée.** Vue de la colonne; exergue : AUX ARMÉES 1805. Tête de Napoléon, par Andrieu. Br. 41mm. TB.................. 6 »

182 — Même sujet, coin de Montagny (frappe de 1840). Br. 25mm. TB................................ 2 »

183 — **Prise de Vienne.** Tête de l'empereur coiffé d'un casque antique. ℞. La ville de Vienne en pleurs près d'un trophée. Médaille curieuse de Manfredini, frappée à Milan. Br. 41mm. TB.................. 6 »

184 — **Entrée de Napoléon à Gênes.** Buste de l'empereur lauré portant sur le manteau impérial le collier de la Légion d'honneur, par Vassallo. ℞. FELICI FAVSTOQ, ADVENTVI. Buste de Janus sur un piédestal aux armes de Ligurie entourées de drapeaux, d'une sphère, d'un gouvernail, une ancre, un sextant, un porte-voix, des ballots, des lingots, etc. : exergue : III KAL. JUL. MDCCCV S.P.Q.LIGUR. Médaille fer. 48mm. TB. *Rare*..... 6 »

185 — **Préfecture de la Seine.** La Seine couchée près d'une ruche. ℞. Aigle tenant le gouvernail d'une galère. Jeton arg. TB.......................... 9 »

186 1806. **Occupation d'Hambourg.** La ville de Hambourg, assise sur le bord d'une galère et appuyée sur une rame. Tête de Napoléon, par Andrieu. Br. 41mm. FDC. *Rare*........................... 10 »

187 — Alliance avec la Saxe. **Napoléon et Charlemagne.** Leurs bustes affrontés, AN MDCCCVI. ℟. **Vitikind et Frédéric-Auguste.** Leurs bustes affrontés, même date, par Andrieu. Br. 41mm. FDC. Rare.......... 12 »

188 — **L'Istrie conquise.** Buste de Napoléon, par Droz. ℟. Le temple d'Auguste à Pola, par Brenet. Br. 41mm. FDC. Assez rare........................ 10 »

189 — **La Dalmatie conquise.** Au buste de Napoléon, par Droz. ℟. Le temple de Jupiter à Spalatro, par Brenet. Br. 41mm. FDC. Rare.... .... 10 »

190 — **Capitulation de Spandau, Stettin, Magdebourg et Custrin.** Napoléon sur son aigle, dans les airs, planant au-dessus des quatre villes. Buste de Napoléon, par Andrieu. Br. 41mm. TB.................... 6 »

191 — **Bataille d'Iéna.** Napoléon,en Jupiter, à cheval sur son aigle, le foudre à la main, culbutant ses ennemis. Buste de Napoléon, par Andrieu. Br. 41mm. TB. 7 »

192 — **Confédération du Rhin.** Buste de l'empereur, par Andrieu. ℟. Serment des princes confédérés. Br. 41mm. TB.............................. 7 »

193 — **Aux armées.** Vue de l'Arc de triomphe du Carrousel, par Brenet. Buste de Napoléon, par Andrieu. Br. 41mm. TB............ .... 6 »

194 — **Prix de l'Académie de Vérone.** Buste de Catulle en regard des bustes affrontés de Mafei et de Fracastor; exergue : 1806. ℟. Minerve debout remettant à un enfant une branche de laurier; près d'elle, une lampe antique allumée, une lyre, une chouette, un compas et des plans déroulés. Br. 45mm. FDC. *Rare*... 14 »

195 — **Rétablissement de la solde aux Invalides Prussiens, à Berlin, par Napoléon.** Petite médaille arg. TB. Très rare.............................. 12 »

196 1806-1887. Campagnes de 1806 et 1807. Buste lauré de Napoléon, par Andrieu. ℟. BERLIN, VARSOVIE, KŒNIGSBERG. Trois femmes couronnées de tours et tenant des clés à la main (personnification des trois villes citées ci-dessus). Exergue : CAMPAGNES DE 1806 ET 1807, par George. Étain. 41mm............ .... 3 »

197 1807. **Société médicale d'émulation de Paris.** Serpent enroulé autour d'une massue. Buste de *Xavier Bichat*, par Galle. Br. 28mm. TB............ 4 »

198 — **Napoléon à Osterode.** Buste de Napoléon, par Andrieu. ℞. Tête de Fabius Cunctator. Br. 41mm. TB... 7 »

199 — Même médaille en étain. 41mm............. 3 »

200 — **Liberté rendue à Dantzick.** Buste de Napoléon, par Andrieu. ℞. Napoléon en pied relevant la ville de Dantzick et lui remettant sur la tête sa couronne murale. Br. 41mm. TB. Assez rare........... 8 »

201 — Même médaille en étain.................. 3 »

202 — **Prise de Spalatro.** Port et plan de la ville. ℞. La Fortune tenant sa roue sur un rocher; et en légende circulaire abrégée : *Marmont, duc de Dalmatie*. Br. 41mm. TB.................................. 8 »

203 — **Congrès de Tilsitt.** Bustes en regard d'Alexandre et de Napoléon, par Abramson. ℞. Deux grandes étoiles dans le champ; longue légende circulaire. Fer de Berlin. 42mm. TB......................... 3 »

204 1808. **Arrivée de la reine de Naples.** Bustes accolés de Joseph Napoléon et de Julia Maria. ℞. Cheval au galop en liberté. Br. 41mm. TB. *Rare*......... 10 »

205 — Même médaille en fer. TB .... 3 »

206 — **Bataille de Sommo-Sierra.** L'Inquisition détruite. Napoléon dans un bige, le foudre à la main, culbutant l'Inquisition ; au buste de Napoléon, par Jeuffroy. Br. 41mm. TB.................................. 7 »

207 — **Réunion de l'Étrurie à la France.** Buste de Napoléon, par Andrieu. ℞. L'empereur debout, en costume romain, devant l'Étrurie qui lui présente divers objets; à ses pieds, une lyre. Br. 41mm. FDC......... 10 »

208 — **Courtiers de commerce, Bourse de Paris.** Navire en mer. Buste lauré de Napoléon, par Droz. Jeton octog. Arg. TB.................................. 10 »

209 — **Chambre de commerce d'Orléans.** Caducée ailé; exergue : LOIRET. 1808. Buste de Napoléon, par Andrieu. Jeton arg. octog. FDC. *Rare*....... 12 »

210 — **Communauté des maitres boulangers de la ville de Paris.** Saint Honoré crossé et mitré debout. Buste de Napoléon. Jeton arg. FDC. *Rare*........... 12 »

211 — **Société médico-pratique.** Curieux jeton cuiv. B. 2 »

211 *bis*. **Vivant Denon (le baron)**, graveur et directeur général des musées français sous le premier Empire, né à **Chalon-sur-Saône**. Son buste nu, par Galle. ℞. Deux

statues égyptiennes, ELLES PARLERONT TOUJOURS POUR LUI. Petite médaille vermeil. FDC. *Rare* ..... 10 »

212 1809. **Société** VOOR ALLEN d'Amsterdam. La Science assise tenant un flambeau. ℞. 25 JAREN BESTAAN, 1809 (règne de Louis-Napoléon). Grand jeton arg. TB. (voir Nahuys). *Rare* .... 10 »

213 — **Cercle littéraire de Lyon**. Superbe lion (type grec). ℞. Grande lyre dans un cercle formé par un serpent se mordant la queue. Jeton arg. FDC.......... 10 »

214 — Même jeton cuiv.......................... 4 »

215 — **Prise de Vienne**. Porte Saint-Martin, à Paris; exergue : L'EMPEREUR PART DE PARIS LE 13 AVRIL 1809. ℞. Porte de Carinthie, à Vienne; en exergue : L'EMPEREUR ENTRE A VIENNE LE 13 MAI 1809. Curieuse médaille br. 41^{mm}, par Andrieu. FDC.................... 8 »

216 — **Conquête de l'Illyrie**. Massue sous laquelle se trouve une vache allaitant son veau, par Despaulis. Buste de Napoléon, par Andrieu. Br. 41^{mm}. TB. *Rare*... 10 »

217 — **Bataille d'Essling. Passage du Danube**. Le Danube brisant un pont de bateaux. ℞. Infanterie et cavalerie française traversant un pont sur le Danube. Br. 41^{mm}. B.. 6 »

218 — **Bataille de Ratisbonne** (l'une des plus rares médailles de la série napoléonienne). Napoléon, tête et col nus, derrière un foudre, par Vassalo. ℞. AGRESSUS MAGNUM RESCINDERE COELUM. Encelade écrasé sous le mont Etna ; en exergue : AUSTRIACIS FULMINE DEJECTIS MDCCCIX. Étain 41^{mm}. B...................... 3 »

219 — **Réunion de l'État romain à l'Empire**. Buste de Napoléon, par Andrieu. ℞. AQUILA REDUX. Le Tibre couché; à ses pieds la louve allaitant Romulus; au fond le Temple de Jupiter au Capitole vers lequel un aigle s'avance à tire d'ailes. Br. 41^{mm}. TB.......... 6 »

220 — **Séjour à Schœnbrunn. Attaque d'Anvers**. Avers de cette médaille en étain. Jupiter assis de face sur un trône, tenant une haste et un foudre. 41^{mm}. B.. 3 »

221 1810. **Arrivée de Marie-Louise en France**. Vue de la cathédrale de Strasbourg. ℞. NAPOLÉON, MARIE-LOUISE, dans une couronne. Arg. 33^{mm}. TB........... 9 »

222 — Même médaille br. TB.................... 3 »

223 — **Mariage de Napoléon et Marie-Louise**. Les deux

époux, costumés à l'antique, debout près de l'autel de l'Hyménée. R. Champ lisse dans une couronne. Arg. 26mm. TB .... 4 »

224 — **Chambre des entrepreneurs de maçonnerie.** Ruche. R. LE 15 JANVIER 1810, dans une couronne. Jeton arg. Octog. TB .... 6 »

225 — Même jeton. Cuiv. TB .... 2 »

226 — **Orphelines de la Légion d'honneur.** Au buste de Napoléon, par Andrieu (petite tache sur la joue de l'empereur). R. Jeune fille assise près d'une tombe ornée de la croix d'honneur. Br. 41mm. B...... 6 »

227 — Même médaille en fer. TB .... 4 »

228 — **Pompe funèbre à la mémoire du duc de Montebello** (Maréchal Lannes). Légende en vingt lignes. Superbe buste de Napoléon, par Galle. Br. 67mm. TB. 14 »

229 — **Mariage de Napoléon avec Marie-Louise.** Aux bustes affrontés des deux époux, par Andrieu. R. L'empereur et l'impératrice, costumés à l'antique, debout près de l'autel de l'hyménée. Magnifique médaille arg. 41mm. FDC .... 20 »

230 — Même médaille. Br. 41mm. FDC .... 6 »

231 — Même médaille. Br. 32mm. TB 3 50

232 — Même médaille minuscule. Arg. 14mm. TB.... 2 »

233 1811. **Naissance du roi de Rome.** Buste nu du petit prince. Bustes affrontés de Napoléon et Marie-Louise, par Andrieu. Br. 41mm. FDC .... 6 »

234 — Même médaille. Étain. B .... 3 »

235 — Même médaille minuscule. Br. 15mm. TB... 1 » 50

236 — **Variété très rare de la naissance du roi de Rome.** Buste casqué de la ville de Rome et buste du petit roi de Rome affrontés ; exergue : MONTAGNY FECIT 1811. R. ROMA-NAPOLÉON-FRANÇOIS-JOSEPH C. ROI DE ROME, NÉ LE 20 MARS 1311. Br. 28mm .... 7 »

236 *bis*. — Autre variété très rare de la naissance du roi de Rome. Son buste nu, par Andrieu. R L'impératrice en matrone romaine, tenant son fils sur le bras, par Jouannin. Br. 41mm. FDC .... 9 »

237 — **Prix de travail et d'industrie de Rome,** 1810 (*sic*). Légende en six lignes. R. Minerve assise au pied de la colonne Trajane, près de la louve romaine et des jumeaux, tend les bras pour recevoir un nouveau-né

(le roi de Rome) que lui apporte le dieu Mars. Superbe bronze, par Mercandetti. 66^{mm} (marqué sur la tranche : COPIÉ)........................ 8 »

238 — **Prix de l'Athénée de Vaucluse**. G. de Stassart, président A F. PÉTRARQUE. Champ lisse dans une couronne. Apollon, couché sur un pont sur le Vaucluse ; près de lui sa lyre ; au loin des montagnes, par Andrieu. Br. 41^{mm}. TB........................... 5 »

239 — Même médaille, bronze doré. TB........... 6 »

240 1812. **Prise de Wilna**. Deux chefs polonais, en costume national, prêtent serment à la Confédération des Polonais, entre les mains de Napoléon. Buste de Napoléon, par Andrieu. Étain. 41^{mm}. TB...... 3 »

241 — **Bataille de la Moskowa**.. Hussard français sabrant des canonniers russes. Buste de Napoléon, par Andrieu. Br. 41^{mm}. FDC.......................... 10 »

242 — **Entrée des Français à Moscou**. Vue de la ville et du Kremlin, de l'aigle française sur le rempart, et du drapeau tricolore flottant sur la plus haute tour. Même buste que les précédents. Superbe et rare médaille. Br. 41^{mm}. FDC.......................... 12 »

243 — **Retraite de l'armée** (de Russie). Guerrier romain s'enfuyant poursuivi par le souffle mortel de Borée. Cheval mort, canon et caisson à l'abandon dans la campagne. Étain. 41^{mm}. B................. 3 »

244 — Petite médaille cuivre, au buste **de Wellington**. ℞. Huit lignes de légende (énumération de batailles livrées en Espagne). B........................ 2 »

245 1813. **Bataille de Wurchen. Infanterie française**. Buste en uniforme de Napoléon, par Depaulis. ℞. Faisceau de fusils surmonté de quatre drapeaux, par Brenet. Étain. 41^{mm}. TB........................... 3 »

246 — **Canal de Mons à Condé**. La Fidélité à demi nue dans une barque ; dans le lointain, le clocher de Mons. Étain. 41^{mm}. TB.......................... 3 »

247 — **Bataille de Lutzen**. Cosaque et cavalier prussien fuyant à toute bride et se retournant sur la selle pour regarder au loin l'armée française en bataille. Buste en uniforme de l'empereur, par Depaulis. Étain. 41^{mm}. TB. 3 »

248 — **Bataille de Leipzig**. Vue de la ville et du champ de

bataille. Bustes en regard des empereurs d'Autriche et de Russie. Cuiv. doré. 33mm. TB............ 4 »

249 — Même médaille, moins belle................ 2 »

250 — **Commerce de bois flotté**, au buste de Rouvet, signé Droz. Rare avec cette signature. Jeton arg. octogone. TB.................................... 8 »

251 1814. **Congrès de Vienne**. Quatorze bustes de souverains et généraux, ennemis acharnés de Napoléon. ℞. Six lignes circulaires autour de l'arc de triomphe, citant toutes les batailles depuis Hanau 1813, jusqu'à Paris 1814. Grand et superbe étain allemand. 76mm. FDC. 20 »

252 — **Février 1814**. L'Aigle, une étoile au front, marchant suivi de la Victoire. Buste de Napoléon, par Andrieu. Br. 41mm. FDC........................ .... 6 »

253 — Même médaille. Étain bronzé............... 3 »

254 — **Défense de l'empire ; l'empereur part de Paris**, 25 janvier 1814. Médaille frappée pour **la régence de Marie-Louise**, dont un buste très joli figure au revers de la médaille. Buste en uniforme de l'empereur. Br. 41mm. FDC.................................. 8 »

255 — Même médaille. Étain.................... 3 »

256 — **Mort de Joséphine, ex-impératrice**. Petite médaille cuivre au buste de Joséphine Tascher de la Pagerie NÉE A LA MARTINIQUE EN 1763, MARIÉE AU GÉNÉRAL BONAPARTE EN 1796, MORTE EN 1814. 22mm. TB. *Très rare.* 5 »

257 — Jeton charmant du Jeu Impérial. WHIST entre les branches d'un compas ; au-dessous, la Fortune sur sa roue ; en exergue, jeu de cartes. ℞. LA FORTUNE DISPENSE, sans date, mais de cette époque. Arg. FDC. 6 »

258 — Jeton satirique en cuivre, ayant voulu représenter l'empereur à cheval (à l'envers) sur un âne et conduit la corde au cou, par Satan ; exergue, TO ELBA. ℞ Légende anglaise dont la traduction se trouve à la pièce suivante. Assez rare.................. .... 3 »

259 — Autre jeton cuivre au buste de l'empereur de Russie. ℞. Légende anglaise (comme au jeton précédent) signifiant : NOUS CONQUÉRONS LA DÉLIVRANCE ; empereur de Russie, roi de Prusse, marquis Wellington et prince

Schwartzenberg; en exergue, 31 MARS 1814. Assez rare. 3 »

260 — Visite de l'empereur d'Autriche à la Monnaie de Paris. Son buste, par Gayrard. Br. 41mm. TB.. 4 50

261 — **Entrée du duc d'Angoulême à Bordeaux**, 12 mars 1814. Jolie armoirie de la ville, par Andrieux. ℟. FIDÉLITÉ, et dans le champ sept lignes de légende. Br. 41mm. FDC.................................. 4 »

262 — **Arrivée de Louis XVIII à Calais**. La ville de Calais accourant au bord du rivage pour recevoir le roi dont le navire approche. Buste de Louis XVIII, par Andrieu. Br. 41mm. FDC.............................. 4 »

263 — **Séjour à Paris de l'empereur de Russie**. Son buste par Andrieu. ℟. Victoire assise, inscrivant sur une tablette; exergue, MDCCCXIV. Fer. 41mm. B............. 3 »

264 — **Duc de Wellington**. Médaille étain anglais, à son buste en uniforme; légende circulaire anglaise signifiant : L'ANGLETERRE, LE PORTUGAL, L'ESPAGNE, LA SUÈDE, LA RUSSIE, LA PRUSSE, L'AUTRICHE, LA HOLLANDE ET LA FRANCE UNIES, 30 MAI 1814. ℟. Un lion et un agneau couchés, séparés par une corne d'abondance; plus loin une cathédrale et dans les airs une colombe apportant une branche d'olivier. Étain. 42mm. TB. Rare...... 5 »

265 1815. **Napoléon à bord du Bellérophon**. Le Bellérophon sous voiles, voguant en mer, un aigle perché à l'arrière; plus loin un autre navire qui a cargué ses voiles, par Brenet. Buste de l'empereur en uniforme. Br. 41mm. TB. (mais avec trois chiffres légèrement gravés dans le champ)......................... 5 »

266 — Médaille étain au buste de Napoléon Ier. ℟. NAPOLÉON II, EMPEREUR DES FRANÇAIS. Buste du roi de Rome avec les cheveux longs et bouclés noués par un ruban; exergue, XX JUIN MDCCCXV. 41mm. TB.......... 3 »

267 — **Napoléon donne son fils à la France**. Buste lauré de l'empereur, sans légende. ℟. Napoléon en costume de cérémonie remet son jeune fils, placé devant lui, à la France qui lui tend les bras, par Brenet. Étain. 41mm. TB. et rare............................. 4 »

268 — **Arthur, duke of Wellington**. Son buste, tête nue. ℟. Grande couronne; dans le champ, deux mains entrelacées; au-dessous, WATERLOO. JUNE XVIII M.D.CCCXV. Étain anglais. 41mm. TB.................... 5 »

269 — **Décoration de Waterloo** des soldats hollandais. 1813. ℞. 1815. Arg. à cinq branches, à bélière. 35mm. TB. 9 »

270 — **Entrée de François Ier à Milan**, au buste de l'empereur d'Autriche. ℞. La ville de Milan accueillant l'empereur à cheval. Br. 42mm. TB. .... 4 »

271 — **Sacre de l'empereur d'Autriche à Milan.** Buste de François Ier. ℞. Les armes de Milan et de Venise surmontées de la croix de fer et au-dessus la couronne impériale d'Autriche. Étain. 41mm. B. .... 3 »

272 — Même médaille. Arg. 30mm. TB. .... 5 »

273 — Variété sur le même sujet. Arg. 22mm. TB. ... 3 »

274 — Jeton cuivre représentant le **Prince d'Orange à cheval.** ℞. WATERLOO, JUNE 18-1815, dans une couronne. TB. 2 »

274 *bis*. — Lot de jetons cuivre frappés en commémoration d'événements du règne, à envoyer en communication à prix divers. ....

275 — Grand jeton arg. aux bustes superposés de Louis XV, Louis XVI et Louis XVIII, par Jeuffroy. ℞. en latin : PREMIÈRE SOCIÉTÉ ROYALE D'AGRICULTURE DE PARIS, 1815. Dans le champ, une charrue. Arg. 35mm. TB. Rare. .... 10 »

276 — **Élection de Guillaume de Nassau en Belgique** ; légende en six lignes. Armes de la ville de Bruxelles. Br. doré, 33mm. B. .... 2 »

2° GÉNÉRAUX DE L'EMPIRE ET MÉDAILLES FRAPPÉES APRÈS LA CHUTE OU LA MORT DE NAPOLÉON

277 **Masséna**, né à Nice, mort à Paris en 1817. Son buste en grand uniforme, par Jaley. ℞. Dans une jolie couronne : RIVOLI, ZURICH, GÊNES, ESSLING. Br. 68mm. TB. 12 »

278 **Masséna, prince d'Essling** (variété du n° précédent). Tête et col nus, par Barre. ℞. Comme le précédent. Br. 41mm. TB. .... 4 »

279 **Hoche** (Lazare), né à Versailles, mort en 1798. Son buste

en uniforme, par Gayrard. Br. 41mm (de la Galerie métallique). FDC........................ 4 »

280 **Hoche**, GÉNÉRAL EN CHEF DES ARMÉES FRANÇAISES (variété du n° précédent). Tête et col nus par Gayrard. ℟. WEISSEMBOURG, LANDAU, PACIFICATION DE LA VENDÉE, NEUWIED, dans une couronne. Br. 41mm. TB.... 4 »

281 **Augereau, duc de Castiglione**, Maréchal de France, né à Paris, mort en 1815. Son buste par Caunois. ℟. LODI, CASTIGLIONE, ARCOLE, EYLAU. Br. 41mm. TB...... 4 »

282 **L. C. Ant. Desaix**, né à Ayat. Son buste en uniforme, par Caunois. Br. 41mm (de la Galerie métallique). FDC. 4 »

283 **Jean Lannes (duc de Montebello)**, né à Lectoure. Son buste en grand uniforme. Br. 41mm (de la Galerie métallique). FDC........................ 4 »

284 **Sylvain Bailly**, né à Paris, mort en 1793. Son buste, par Montagny. Br. 41mm. TB. (de la Galerie métallique)...................................... 3 »

285 **Jean-Jacques Barthélemy**, né à Cassis, près Marseille, mort en 1795. Son buste par Gatteaux. Br. 41mm. TB. (de la Galerie métallique).............. 3 »

286 **Bernadotte** (Charles XIV, roi de Suède). Son buste lauré. ℟. Son monument funéraire. Médaille, arg. 30mm, frappée à sa mort en 1844. TB. *Assez rare*.... 8 »

287 **Napoléon, assis sur un rocher** (coiffé de son petit chapeau). Petite médaille hollandaise en cuivre. ℟. BONAPARTE OP STE HÉLÊNA. Assez rare. B................ 3 »

288 **Napoléon, Empereur**. Son buste en uniforme par Bovy. ℟. Vue de son tombeau de Ste-Hélène. Br. 41mm. FDC...................................... 3 »

289 **Avènement de Marie-Louise au duché de Parme** (ex-impératrice des Français) 1816. Son buste très gracieusement gravé. ℟. Légende latine en six lignes. Br. 41mm. TB...................................... 6 »

290 **Agrandissement du Pont de la Trébie** (duché de Parme). Inauguration par *Marie-Louise* en présence de ses parents. Bustes affrontés de l'Empereur et l'Impératrice d'Autriche, par Manfredini, en 1825. Br. 41mm. TB...................................... 4 »

291 **Prince Eugène (Beauharnais)**. Son buste, tête et col nus, par Bosch. ℟. Né à Paris en 1781, mort à Munich en

1824 : HONNEUR ET FIDÉLITÉ, dans une couronne. Br. 45mm. TB. . . . . 5 »

292 **Nic. franç. Bellart**, mort en 1826. Mêlé aux intrigues ayant amené la chute du premier Empire et devenu Procureur général sous la Restauration. Belle médaille à son buste. ℞. Monument funéraire. Br. 50mm. TB. 5 »

293 **Rouget de Lisle, auteur de la Marseillaise.** Son buste, par Rogat, dirigé par P. J. David, 1833. ℞. Musique et paroles de la Marseillaise, gravées en entier sur le champ du revers de cette médaille très curieuse. Br. 50mm. FDC. . . . . 8 »

294 **Centenaire de Napoléon Ier**. 1769-1869. Buste lauré de l'empereur. ℞. Aigle sur une épée dans une guirlande ; en exergue : code Napoléon. Br. 50mm. FDC. . . 4 »

295 — Même avers que le précédent. ℞. Aigle sur un foudre, les ailes éployées ; au-dessous, sur un coussin, une épée, une croix d'honneur et le fameux petit chapeau. Br. doré. 50mm. FDC. . . . . 5 »

296 **La France recevant le cercueil de Napoléon Ier**. Médaille à son buste. Br. doré. 50mm. FDC . . . . 5 »

297 — Deux petites médailles arg., l'une pour le rétablissement de la statue de Napoléon sur la colonne, et l'autre pour l'achèvement de l'arc de triomphe, au buste de Louis-Philippe. TB. . . . . au choix. 2 »

298 Deux petites médailles br. pour **le rétablissement de la statue de Napoléon**. Deux variétés. . . . au choix. 1 »

299 Deux petites médailles br. pour **l'achèvement de l'arc de triomphe** ; l'une au buste de Napoléon, et l'autre aux bustes en regard de Napoléon et Louis-Philippe. Au choix. 1 »

300 Trois autres petites médailles variées, frappées vers 1840. Br. TB. . . . . à 1 »

301 Petite statuette arg. de Napoléon Ier (hauteur 34mm), pour breloque ou pour cachet. . . . . 5 »

302 Médaille de Sainte-Hélène. Module officiel. Br. 50mm. FDC. . . . . 5 »

303 Même médaille, avec ruban et boîte carton blanc portant sur le couvercle un aigle couronné AUX COMPAGNONS DE GLOIRE DE NAPOLÉON Ier et au-dessous DÉCRET IMPÉRIAL DU 12 AOUT 1857 (*très rare avec la boîte*) . . . . 10 »

304 — Même médaille, petit module. 32mm. FDC. . . . 5 »

Vente aux conditions habituelles, *net*, *au comptant*, port à la charge des amateurs.

Il ne sera pas répondu aux demandes des numéros vendus à réception des lettres en faisant la commande.

Je me propose de publier cette année, au fur et à mesure des achats que je pourrai faire, des catalogues à prix marqués dont l'envoi sera continué aux clients et correspondants de la maison.

Les personnes ayant reçu les six catalogues parus en 1903 et qui, quoique n'y ayant pas répondu, désirent la continuation des envois des catalogues que je publierai, sont priées de me le faire savoir.

Je ferai tout mon possible pour arriver à offrir en vente des numéros de plus en plus curieux et intéressants dans toutes les branches de la Numismatique ancienne et moderne.

BIBLIOTHÈQUE NATIONALE R.F.

MACON, PROTAT FRÈRES, IMPRIMEURS.

MACON, PROTAT FRÈRES, IMPRIMEURS

www.ingramcontent.com/pod-product-compliance
Ingram Content Group UK Ltd.
Pitfield, Milton Keynes, MK11 3LW, UK
UKHW020521180726
13839UKWH00005B/2224